LES DINOSAURES EN QUESTIONS

Melvin et Gilda Berger

ILLUSTRATIONS D'ALAN MALE
TEXTE FRANÇAIS DU GROUPE SYNTAGME INC.

Éditions
SCHOLASTIC

TABLE DES MATIÈRES

ABRÉVIATIONS
cm = centimètre
g = gramme
kg = kilogramme
km = kilomètre
m = mètre
t = tonne

Catalogage avant publication de Bibliothèque et Archives Canada
Berger, Melvin
Les dinosaures en questions / Melvin et Gilda Berger;
illustrations de Alan Male; texte français du Groupe Syntagme.
(Réponse à tout)
Traduction de : Did dinosaurs live in your backyard?
Pour les 5-9 ans.
ISBN 978-0-545-99881-9
1. Dinosaures--Miscellanées--Ouvrages pour la jeunesse.
I. Berger, Gilda II. Male, Alan III. Groupe Syntagme inc.
IV. Titre. V. Collection : Berger, Melvin. Réponse à tout.
QE862.D5B4714 2007   j567.9   C2007-902823-3

Édition publiée par les Éditions Scholastic, 604, rue King Ouest, Toronto (Ontario) M5V 1E1.
5 4 3 2 1   Imprimé au Canada   07 08 09 10 11

Conception graphique : David Saylor et Nancy Sabato
Expert consulté : Robert Asher, DPAS State University de New York, Stony brook, New York

Pour Maxwell, formidable et curieux
— M. ET G. BERGER

Pour Nina et Chloe
— A. MALE

INTRODUCTION

Pourquoi lire un livre de questions et de réponses?

Parce que tu es un enfant, et que les enfants sont curieux!
Il est bien naturel – et même important – de poser des
questions et de chercher des réponses.

Le livre que tu as entre les mains répond à bien des questions
que tu te poses peut-être :

- Quel dinosaure était le premier de tous?
- Certains dinosaures avaient-ils deux cerveaux?
- De quelle couleur étaient les dinosaures?
- Les dinosaures avaient-ils des familles?
- Qu'est-il arrivé aux dinosaures?

Bien des réponses te surprendront et te fascineront. Nous espérons qu'elles
chatouilleront ton imagination. Peut-être t'amèneront-elles aussi à poser *d'autres
questions*, menant à *d'autres réponses*. Curiosité, quand tu nous tiens!

LE MONDE DES DINOSAURES

Y a-t-il déjà eu des dinosaures dans ta cour?

Probablement. Les dinosaures vivaient partout sur la Terre. On a trouvé des restes de dinosaures sur tous les continents : Amérique du Nord et du Sud, Asie, Europe, Afrique, Australie et même Antarctique.

Partout en Amérique du Nord, on a retrouvé de nombreux signes témoignant du passage des dinosaures : dans au moins 28 États et dans le district de Columbia aux États-Unis, dans six provinces du Canada et à certains endroits au Mexique. Donc, il y a beaucoup de chances pour que des dinosaures aient vécu dans ta cour et aient marché là où tu marches aujourd'hui.

Que sont les dinosaures?

Un grand groupe d'animaux extraordinaires qui dominaient sur Terre il y a des millions d'années. Il y avait des dinosaures de toutes les formes et de toutes les tailles. Par exemple, il y avait des dinosaures :

- aussi hauts que des gratte-ciel;
- plus longs qu'un court de tennis;
- plus rapides que des chevaux de course;
- munis de dents aiguisées comme des couteaux;
- plus lourds qu'un wagon de train.

Les dinosaures ont des liens de parenté avec les reptiles, comme les crocodiles, les lézards, les serpents et les tortues. Mais ils semblent aussi avoir des liens avec les oiseaux. Quelles créatures fascinantes!

À quel moment les dinosaures ont-ils existé?

Pendant une période de l'histoire de la Terre appelée le mésozoïque ou « ère secondaire ». Le mésozoïque a commencé il y a environ 225 millions d'années pour se terminer il y a environ 65 millions d'années. Les dinosaures sont apparus presque au début de cette période. C'est-à-dire qu'ils ont dominé le monde pendant plus de 150 millions d'années.

Par rapport aux dinosaures, les humains sont de nouveaux venus sur la Terre. Nos premiers ancêtres sont apparus il y a à peine quatre millions d'années!

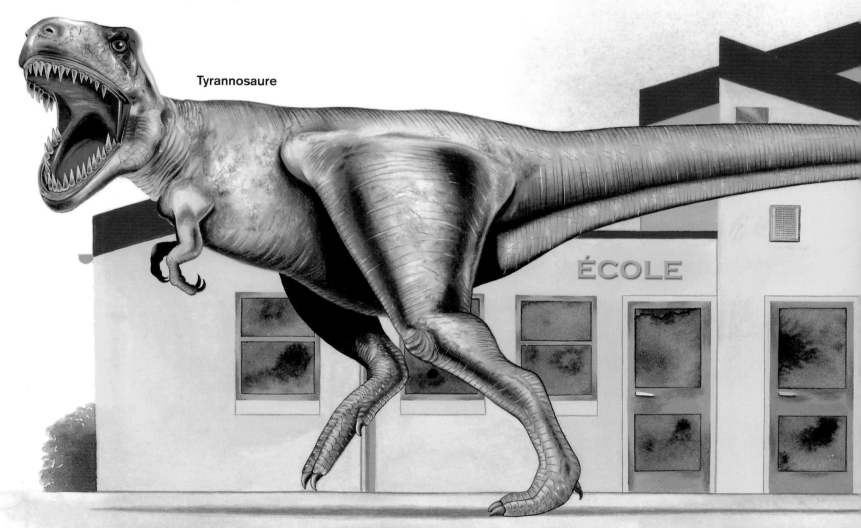

Tyrannosaure

Comment sait-on que les dinosaures ont existé?

Grâce aux fossiles. Les fossiles sont des restes ou des traces d'animaux ou de plantes qui ont vécu il y a très longtemps. Les os, les dents et les œufs de dinosaures se sont fossilisés tout comme les empreintes de pas qu'ils ont laissées dans la boue.

Certains dinosaures, en mourant, sont tombés dans l'eau ou dans des marécages. Leurs corps ont été recouverts de sable ou de terre. La chair et la peau de ces dinosaures se sont décomposées. Au fil des ans – on parle de millions d'années – les parties dures de leurs corps se sont transformées en pierre. Ces parties dures sont devenues des fossiles.

Qui cherche des fossiles en creusant dans la terre?

Des scientifiques que l'on appelle des paléontologues. On les appelle aussi « chercheurs de fossiles ».

Parfois, un paléontologue trouve un os de dinosaure directement sur le sol ou enfoncé en partie dans une montagne ou une falaise. Les paléontologues peuvent découvrir des fossiles en creusant dans des endroits où ils ont déjà trouvé des os. Il arrive aussi que des agriculteurs, des mineurs ou d'autres personnes trouvent des fossiles en creusant dans la terre pour une autre raison. Un jour, tu auras peut-être la chance de trouver toi-même un fossile!

Que nous révèlent les os et les dents retrouvés?

Beaucoup de choses! En examinant les os d'un dinosaure, on peut deviner la taille et le poids de l'animal. Si les os sont longs et lourds, c'est que le dinosaure était grand et gros. Les dents ont aussi une histoire à raconter. Plus les dents sont grosses, plus l'animal était gros.

La forme des dents nous révèle ce que les dinosaures mangeaient. Les carnivores (qui mangeaient de la viande) avaient de longues dents pointues pour mordre dans leurs proies. Les dents des herbivores (c'est-à-dire ceux qui se nourrissaient d'herbes et de feuilles) étaient souvent de forme cylindrique, ce qui leur permettait d'arracher les feuilles ou les fruits des arbres.

La taille du crâne d'un dinosaure reflète celle de son cerveau. Les dinosaures dotés de gros cerveaux étaient probablement plus intelligents que ceux qui en avaient de petits. Si les orbites sont grosses, on peut dire que le dinosaure avait une bonne vue. Et si les cavités nasales sont importantes, on peut habituellement en déduire que l'animal avait un excellent odorat!

Pourquoi les empreintes fossiles sont-elles importantes?

Elles peuvent nous apprendre comment le dinosaure marchait, et à quelle vitesse. La plupart des dinosaures étaient de bons marcheurs, se déplaçant à une vitesse de 5 à 10 km à l'heure – en mettant un pied devant l'autre, à peu près comme nous.

Certains dinosaures pouvaient courir vite, parfois même jusqu'à 32 km à l'heure – c'est-à-dire beaucoup plus vite que la plupart des êtres humains.

Les dinosaures marchaient-ils sur deux pattes ou sur quatre pattes?

Les premiers herbivores marchaient soit sur deux pattes, soit sur quatre pattes – comme les singes. Les herbivores géants qui sont apparus plus tard marchaient presque tous sur quatre pattes – comme les éléphants.

La plupart des dinosaures carnivores marchaient debout sur leurs deux pattes de derrière. Leur longue queue les aidait à maintenir leur équilibre. Bien des dinosaures boitaient. Était-ce parce qu'ils étaient blessés? Ou parce qu'ils transportaient de lourdes charges, comme de jeunes dinosaures? La réponse se trouve peut-être dans les empreintes fossiles.

Les dinosaures vivaient-ils seuls ou en groupe?

Probablement en groupe. Des empreintes fossiles de divers dinosaures carnivores semblent indiquer qu'ils vivaient et chassaient en bande, un peu comme les loups.

Certains herbivores aussi vivaient en groupe. Les animaux qui vivaient en bande étaient plus en sécurité que ceux qui restaient seuls. Les dinosaures commençaient probablement à se déplacer avec le troupeau peu après leur naissance.

Les paléontologues trouvent parfois de nombreux fossiles de dinosaures tout près les uns des autres. Cela signifie peut-être que les animaux ont vécu – et sont morts – ensemble.

Les dinosaures sont-ils tous fossilisés?

Non. Des millions de dinosaures sont morts dans des endroits secs. Leur chair et leurs os se sont tout simplement décomposés. Ils n'ont laissé aucune trace. Et des millions de dinosaures ont aussi été dévorés par leurs ennemis – qui ont englouti les os et tout le reste. Il n'y a aucune trace de ces dinosaures-là non plus.

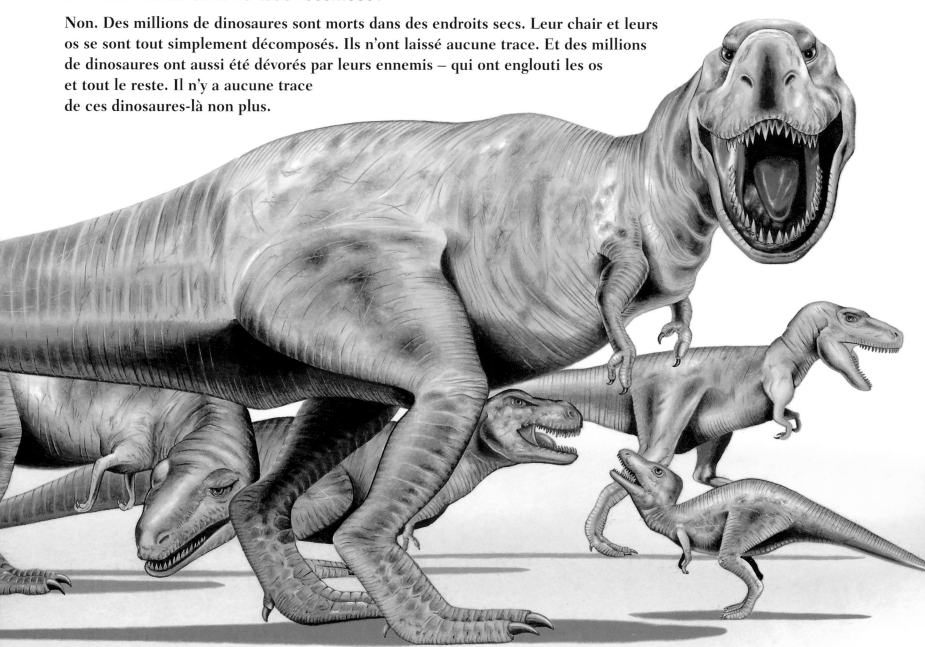

Quel est le premier fossile de dinosaure que l'on a découvert?

Un fossile d'*iguanodon*, dont le nom signifie « dent d'iguane ». En 1821, Mary Ann Mantell cherchait des fossiles en compagnie de son mari, Gideon, un médecin britannique. Elle a trouvé une dent immense. Son mari a cru que la dent provenait d'un iguane géant, qu'il a nommé iguanodon. Beaucoup plus tard, des scientifiques ont compris qu'il ne s'agissait pas du tout d'un iguane. C'était en fait le tout premier fossile de dinosaure qui avait été trouvé!

Où a-t-on trouvé la plupart des fossiles d'iguanodons?

En Europe. Les découvertes les plus importantes ont eu lieu en 1878, en Belgique. Des mineurs qui creusaient profondément dans le sol pour extraire du charbon sont tombés sur des centaines de restes d'iguanodons. En rassemblant les morceaux comme s'il s'agissait d'un casse-tête géant, on a réussi à reconstituer 40 squelettes. Cette découverte nous a permis d'en apprendre beaucoup sur les iguanodons – des créatures étonnantes qui ont vécu il y a plus de 100 millions d'années.

Que savons-nous de l'iguanodon?

L'iguanodon mesurait environ 5 m de haut, 9 m de long, et pouvait peser jusqu'à 4 500 kg. Cet herbivore géant marchait sur ses quatre pattes et broutait des plantes basses. Pour manger des arbustes ou se défendre contre des prédateurs, il se servait peut-être de ses pattes de devant comme de mains. Quoi qu'il en soit, ses empreintes de pied mesurent 91 cm. Difficile de trouver chaussure à son pied!

Qui a inventé le mot « dinosaure »?

Le scientifique britannique Richard Owen, en 1841. Owen étudiait plusieurs fossiles de grande taille qui ressemblaient à des os de lézards. Mais ils étaient beaucoup plus gros. On aurait dit des os d'éléphants géants.

Owen savait qu'aucun lézard vivant sur Terre n'était aussi gigantesque. Il a compris que les fossiles devaient appartenir à un autre groupe d'animaux qui avaient disparu il y a longtemps. Il a nommé ces animaux « *dinosauria* », ce qui veut dire « terribles lézards ».

Bien sûr, aujourd'hui, nous savons que les dinosaures n'étaient pas du tout des lézards, et que seuls quelques-uns d'entre eux étaient « terribles ». Mais le nom est resté.

Comment décide-t-on du nom d'un dinosaure?

De plusieurs façons. La première personne à trouver le fossile peut lui donner un nom qui le décrit. Par exemple, *tyrannosaure* veut dire « lézard tyran ». Le nom peut aussi désigner l'endroit où le fossile a été découvert. Les premiers fossiles d'*edmontosaure* ont été découverts tout près d'Edmonton, au Canada. Dans d'autres cas, on donne au dinosaure le nom d'une personne en particulier. L'*herrerasaure* a été nommé en l'honneur de Victorino Herrera, le chevrier argentin qui a trouvé le premier fossile de ce type de dinosaure.

Les dinosaures étaient-ils des animaux à sang froid ou à sang chaud?

Au début, les paléontologues croyaient que les dinosaures étaient des animaux à sang froid, comme les lézards et d'autres reptiles. Le corps des animaux à sang froid ne produit pas de chaleur. Lorsqu'ils ont froid, ils se déplacent plus lentement. Ils se réchauffent en prenant des bains de soleil. Quand ils ont trop chaud, ils cherchent de l'ombre.

Plus tard, les experts ont cru que certains dinosaures étaient à sang chaud, comme les oiseaux et les mammifères. Le corps des animaux à sang chaud produit de la chaleur. Ils peuvent vivre dans un climat chaud ou froid. Leur corps a des réserves de sang importantes.

Maintenant, nous croyons que certains dinosaures, comme le *spinosaure*, étaient sans doute des animaux à sang froid, que d'autres étaient des animaux à sang chaud, et que d'autres encore n'étaient pas tout à fait l'un ni tout à fait l'autre.

Spinosaure

Combien d'espèces de dinosaures vivaient sur Terre?

Nous en connaissons environ 350 espèces, mais il y en a peut-être eu plus de 1 000. Personne ne le sait véritablement.

Y avait-il des dinosaures qui savaient nager?

Non. Les dinosaures vivaient sur la terre ferme. Beaucoup pouvaient se déplacer dans l'eau peu profonde, mais aucun ne pouvait nager. Les *ichthyosaures*, ou « lézards-poissons », étaient de bons nageurs et vivaient à la même époque que les dinosaures. Mais les ichtyosaures n'étaient pas des dinosaures.

Quels animaux vivaient à la même époque que les dinosaures?

Les tortues, les crocodiles, les lézards. Plus tard, il y a eu les oiseaux et les serpents. Bien des espèces de petits mammifères vivaient aussi à cette époque, et des coquerelles aussi longues que ton bras rampaient dans les sous-bois. De grands insectes volants, comme des libellules géantes de un mètre de long, vrombissaient dans les airs. Des requins, des étoiles de mer et des palourdes vivaient dans l'océan.

De quelle couleur étaient les dinosaures?

Probablement de plusieurs couleurs. D'après les empreintes de peau fossilisée que l'on a trouvées dans certaines pierres, nous savons que la peau de certains dinosaures était bosselée et formée d'écailles, un peu comme celle des lézards. Il semble que chaque espèce de dinosaure avait son propre motif.

Les lézards d'aujourd'hui ont des rayures, des taches ou des marques de couleur qui leur permettent de se camoufler et de se protéger. Leurs teintes vives les aident aussi à attirer un partenaire. Peut-être que les dinosaures avaient eux aussi une peau colorée, pour les mêmes raisons.

Oviraptor

Combien de temps les dinosaures vivaient-ils?

La réponse varie selon les espèces. La durée de vie d'un dinosaure était probablement liée à sa taille. Les petits dinosaures atteignaient peut-être l'âge adulte plus rapidement. On croit qu'ils vivaient environ cinq ans. Il est possible que les dinosaures géants aient vécu beaucoup, beaucoup plus longtemps.

De nos jours, certains gros reptiles, comme les tortues, vivent bien au-delà de 100 ans. Avec un peu de chance, les dinosaures vivaient probablement au moins aussi longtemps.

Comment les bébés dinosaures venaient-ils au monde?

La plupart des dinosaures, si ce n'est la totalité, sortaient d'œufs pondus par leur mère. Les dinosaures ovipares (ceux qui pondaient des œufs) se bâtissaient un nid avec de la terre et des débris divers, dans des endroits surélevés et secs. Les nids avaient à peu près la taille d'un pneu de camion géant. Souvent, les dinosaures construisaient leurs nids très près les uns des autres, en laissant juste assez d'espace entre les nids pour circuler.

Les dinosaures pondaient dans les nids. Les chercheurs de fossiles ont découvert des œufs de tailles variant de 10 à 25 cm.

Les mères dinosaures couvaient-elles leurs œufs?

Les mères dinosaures ne s'assoyaient probablement pas de tout leur poids sur leur couvée. Elles couvraient leurs œufs de leur corps pour les tenir au chaud.

Les scientifiques ont cru à un moment que l'*oviraptor*, c'est-à-dire le « voleur d'œufs », dérobait les œufs de certains dinosaures, comme le *protoceratops*, ou « première tête à corne ». Ensuite, les paléontologues ont fait deux découvertes : un œuf non éclos qui contenait un oviraptor, alors qu'on croyait qu'il s'agissait d'un œuf de protoceratops, et le fossile d'un oviraptor femelle adulte au-dessus d'un nid plein d'œufs. Aujourd'hui, les scientifiques ne croient plus que l'oviraptor était un voleur d'œufs. Il couvait probablement ses propres œufs, comme les oiseaux le font aujourd'hui.

L'APPARITION DES DINOSAURES

À quoi ressemblait le monde lorsque les dinosaures sont apparus?

Les premiers dinosaures sont apparus pendant la première période du mésozoïque, c'est-à-dire à l'ère triasique. Le trias a commencé il y a environ 225 millions d'années, pour se terminer il y a environ 200 millions d'années.

Au début de l'ère triasique, tous les continents étaient réunis; il n'y avait qu'une seule masse de terre entourée d'eau. Les dinosaures circulaient librement sur les grandes étendues de terre. Plus tard, la terre a commencé à se séparer et à former des continents distincts.

À l'ère triasique, il y avait déjà des tortues, des crocodiles, des escargots et des insectes. Des conifères, des fougères et des mousses poussaient partout sous un climat chaud et humide.

Quel dinosaure était le premier de tous?

Personne n'en est absolument sûr. Par contre, on sait que l'herrerasaure, ou « le lézard de Herrera », a certainement été l'un des premiers à apparaître.

L'herrerasaure vivait il y a environ 220 millions d'années. Il mesurait de 2 à 2,4 m de haut et pesait environ 135 kg. Il courait sur deux pattes et, avec ses dents pointues et ses mâchoires puissantes, il attrapait et mangeait des animaux plus petits que lui. Selon un expert, les dents de l'herrerasaure ressemblaient à celles d'un requin, ses serres, à celles d'un aigle, son cou, à celui d'une antilope et son dos, à celui d'une autruche.

Est-ce que d'autres dinosaures existaient à cette époque?

L'*eoraptor*, ou le « chasseur de l'aube », est aussi apparu pendant l'ère triasique. Des os d'eoraptors ont été découverts à moins de 2 km de ceux provenant d'herrerasaures.

L'eoraptor faisait 1 m de long et pesait 11 kg, soit à peu près la taille d'un chien. On ne sait pas si ce rapide coureur sur deux pattes chassait ou se nourrissait d'animaux morts.

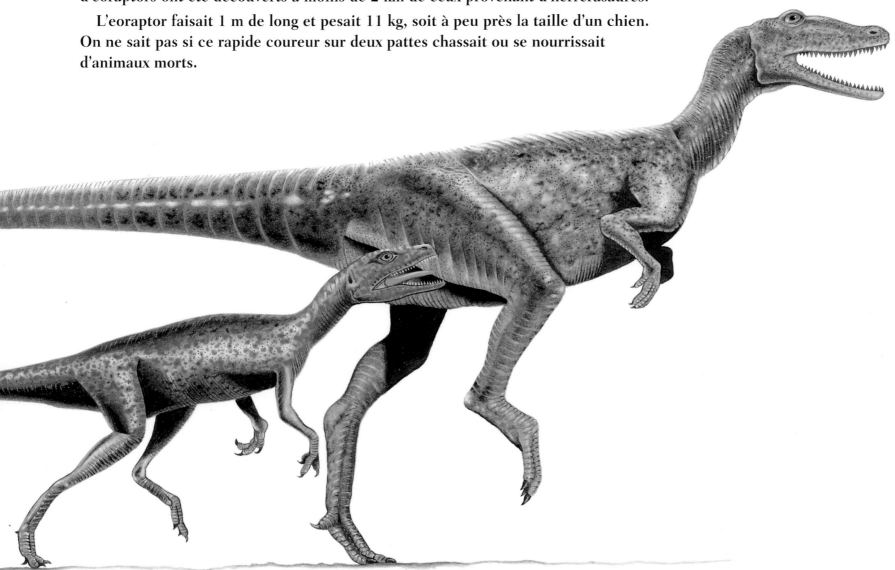

Les premiers dinosaures étaient-ils petits?

La plupart des dinosaures du trias étaient probablement assez petits et légers. On croit aussi qu'ils étaient carnivores et se déplaçaient sur leurs pattes de derrière.

Que s'est-il produit à la fin de l'ère triasique?

Un grand nombre d'espèces de dinosaures ont commencé à apparaître. Certains ressemblaient beaucoup à ceux qui existaient déjà. Mais d'autres étaient de gros carnivores beaucoup plus lourds qui marchaient sur deux pattes.

   Quelques espèces d'herbivores géants ont aussi commencé à apparaître. Ceux-là utilisaient leurs quatre pattes pour se déplacer.

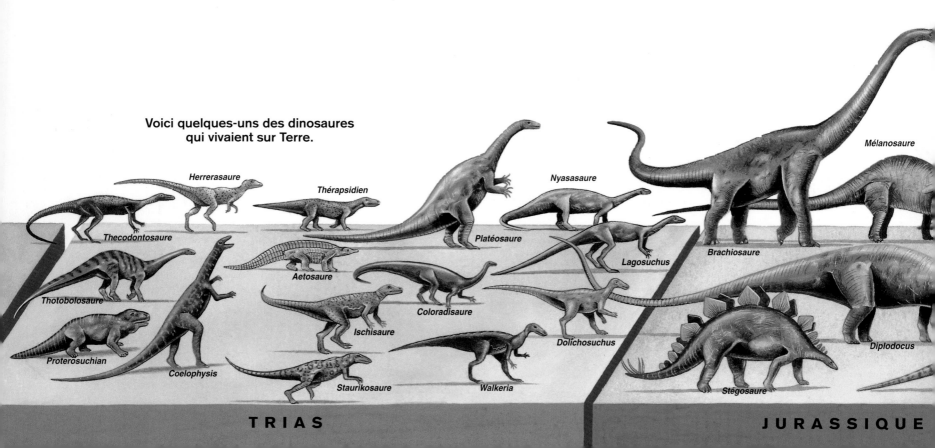

Voici quelques-uns des dinosaures qui vivaient sur Terre.

Herrerasaure

Thérapsidien

Nyasasaure

Mélanosaure

Thecodontosaure

Platéosaure

Lagosuchus

Brachiosaure

Aetosaure

Thotobolosaure

Coloradisaure

Ischisaure

Dolichosuchus

Diplodocus

Proterosuchian

Coelophysis

Staurikosaure

Walkeria

Stégosaure

TRIAS

JURASSIQUE

Qu'est-ce qui a suivi l'ère triasique?

La période jurassique, ou deuxième partie de l'ère mésozoïque. Cette période a commencé il y a environ 200 millions d'années pour se terminer il y a 135 millions d'années. Le méga-continent a continué de se diviser en plus petits continents. Le climat est demeuré chaud et humide. Des plantes ont poussé partout.

Pendant cette période, les premiers oiseaux à plumes sont apparus dans le ciel. De minuscules mammifères, couverts de fourrure, sont également apparus. Mais surtout, la Terre a accueilli, en tremblant sous leur poids, les plus gros dinosaures qui aient jamais existé!

Est-ce que tous les dinosaures de l'ère jurassique étaient gigantesques?

Non. Le *compsognathus*, dont le nom veut dire « jolie mâchoire », avait la taille d'un petit poulet, mais il était loin d'être mignon. Il courait vite sur ses deux longues pattes minces, la gueule grande ouverte, et attrapait des insectes et de petits animaux en faisant claquer ses mâchoires.

Ptéranodon

Mamenchisaure

Tyrannosaure

Spinosaure

Allosaure

Iguanodon

Struthiomimus

Kentrosaure

Torosaure

Parasauroloph

Euoplocephalus

Baryonyx

Ornithomimus

Ornatotholus

...osaure

Xuanhanosaure

JURASSIQUE

CRÉTACÉ

Quels ont été les plus gros dinosaures?

Le *brachiosaure*, ou « lézard à bras », ainsi que les membres de sa famille. Avec ses 24 m de long, le brachiosaure était presque aussi long qu'un terrain de basket-ball. Pesant 80 tonnes, il était presque aussi lourd que trois bétonnières bien remplies! Ses épaules se dressaient à 6 m du sol, c'est-à-dire la hauteur d'une girafe adulte. Son cou faisait 9 m de long, donc la moitié de la longueur d'une allée de quilles. Quand il allongeait le cou, le brachiosaure atteignait 12 m de haut – la hauteur d'un immeuble de quatre étages!

Des scientifiques ont trouvé des os de dinosaures de la famille du brachiosaure provenant d'animaux probablement encore plus gros. Certains auraient fait plus de 30 m de long et auraient pesé 132 tonnes. Stupéfiant!

Que mangeaient les dinosaures les plus gros?

Des plantes, y compris les feuilles, les tiges, les fruits, les graines et les petites branches. Et ils ne mangeaient pas qu'un peu! Chaque animal pouvait engloutir jusqu'à 1 tonne de nourriture par jour. Quand on est un géant, on a un gros ventre à remplir!

Parfois, le dinosaure refermait sa mâchoire sur une grosse branche et rejetait la tête vers l'arrière rapido-presto, arrachant ainsi toutes les feuilles d'un seul coup! Cette façon de se nourrir laissait des marques profondes sur les dents des dinosaures. Mais quelle façon efficace et rapide de prendre une bonne grosse bouchée de feuilles!

Comment les dents des dinosaures se renouvelaient-elles?

De nouvelles dents poussaient, tout simplement. Si une dent était brisée ou trop usée, une nouvelle dent poussait pour la remplacer. En fait, sous chaque rangée de dents se trouvaient plusieurs autres rangées de dents. Au fur et à mesure que les nouvelles dents poussaient, les plus vieilles tombaient et ainsi de suite. Dommage pour les dinosaures : la fée des dents n'existait pas encore!

Pourquoi certains herbivores avaient-ils de très longs cous?

Pour atteindre les feuilles les plus hautes dans les arbres. Certains dinosaures pouvaient seulement manger des plantes sur le sol et des feuilles poussant sur des branches basses. Mais les dinosaures à long cou pouvaient trouver leur nourriture à des endroits que les autres dinosaures ne pouvaient pas atteindre. Un peu comme les girafes aujourd'hui.

L'*apatosaure*, ou « lézard trompeur », était doté d'un cou de 6 m de long. C'est la longueur d'une voiture! Avec un cou aussi long, l'apatosaure pouvait attraper les plus hautes branches. Il pouvait aussi se pencher pour manger des plantes basses. Certaines personnes croient que le puissant apatosaure allait même jusqu'à faire tomber des arbres pour engloutir une énorme portion de feuilles.

Quelle est la différence entre un apatosaure et un brontosaure?

Aucune! En 1877, on a découvert un fossile au Colorado qu'on a décidé d'appeler apatosaure. Deux ans plus tard, un fossile similaire était découvert dans le Wyoming, et on a appelé celui-là *brontosaure*, ou « lézard du tonnerre ». L'apatosaure et le brontosaure étaient considérés, à ce moment-là, comme deux espèces différentes de dinosaures.

Puis, en 1975, les paléontologues se sont rendu compte que l'apatosaure et le brontosaure étaient en fait le même animal. Comme le premier nom choisi avait été apatosaure, c'est le nom que les scientifiques ont retenu pour désigner tous ces dinosaures.

Quel dinosaure avait le cou le plus long?

Le *mamenchisaure*, ou « lézard de Mamenchi ». Il a été nommé d'après l'endroit en Chine où il a été découvert.

Le cou de ce dinosaure mesurait 9 m de long – à peu près la longueur d'un gros autobus. Étonnant! Les experts croient que le dinosaure se déplaçait dans l'eau en laissant sa tête flotter à la surface. Cela lui rendait la tâche facile, puisqu'il n'avait qu'à étirer le cou pour engouffrer toutes les plantes aquatiques à sa portée.

Il est difficile d'imaginer comment le sang pouvait se rendre jusqu'au cerveau des dinosaures qui avaient un cou aussi long. Les dinosaures à long cou avaient probablement un gros cœur très puissant pour faire circuler leur sang.

Kentrosaure

Combien mesuraient les dinosaures les plus longs?

Le *diplodocus*, dont le nom signifie « double poutre », pouvait atteindre 28 m, du bout de sa toute petite tête à la fin de sa queue rappelant un fouet. Il avait un cou de 8 m et une queue presque deux fois plus longue. Si un diplodocus s'affalait au centre d'un court de tennis, son cou et sa queue dépasseraient de 2 m les lignes de fond.

Récemment, on a découvert deux autres dinosaures appartenant probablement à la même famille que le diplodocus. Le *supersaure*, ou « super-lézard », et le séismosaure, c'est-à-dire le « lézard qui fait trembler la Terre », qui devaient mesurer plus de 30 m de long et peser au moins 50 tonnes. Ils ressemblaient tous deux à un long pont reposant sur quatre gros piliers.

Les herbivores mastiquaient-ils leur nourriture?

Dans bien des cas, non. Certains dinosaures, comme le diplodocus, avaient de petites dents cylindriques leur permettant d'arracher les feuilles des arbres et de manger de petites plantes basses, mais sans plus. Les dinosaures ne pouvaient pas mastiquer les centaines de kilogrammes de nourriture qu'ils avalaient chaque jour. La nature a donc donné à ces végétariens un autre moyen de digérer leur nourriture.

Tout jeunes, les herbivores avalaient beaucoup de petites pierres. Ces cailloux restaient dans leur estomac. Tout au long de la vie de ces dinosaures, les cailloux agissaient comme un broyeur et réduisaient en miettes les feuilles et les plantes qu'ils mangeaient. Le système des petites pierres devait fonctionner très bien puisque certains herbivores sont devenus les plus grands de tous les animaux terrestres!

Comment les herbivores se protégeaient-ils?

Certains dinosaures avaient des queues munies de pointes très acérées. Le *kentrosaure*, ou « lézard à pointes », ne pesait qu'une tonne et ne mesurait que 5 m de long. Mais quel bagarreur!

Sur son dos et sa queue s'alignaient de longues épines pointues. Au bout de sa queue se trouvaient quatre pointes énormes, semblables à des lances. Lorsqu'il se faisait attaquer, le kentrosaure balançait sa queue en direction de l'ennemi. Les épines mortelles s'enfonçaient dans la chair de l'adversaire. Grâce à cette arme, le kentrosaure pouvait combattre des dinosaures beaucoup plus gros que lui.

Pourquoi certains dinosaures avaient-ils des plaques osseuses sur le dos?

Pour conserver leur chaleur ou pour se rafraîchir. Le *stégosaure*, ou « lézard à toit », avait, sur le dos, une vingtaine de plaques de 60 cm de haut alignées de chaque côté de la colonne vertébrale.

Comme c'est le cas pour tous les animaux à sang froid, la température du corps du stégosaure changeait selon la température extérieure. Mais les plaques osseuses aidaient le stégosaure à maintenir son corps à la bonne température. Les jours où il faisait froid, le dinosaure se tournait vers le soleil pour exposer ses plaques osseuses aux rayons chauds. Le sang qui circulait dans les plaques réchauffait ensuite le reste du corps. Les jours de chaleur intense, le stégosaure se déplaçait pour que les plaques soient à l'ombre ou exposées au vent. De cette façon, il réussissait à faire baisser sa température.

Les dinosaures étaient-ils intelligents?

Pas tellement. La plupart des dinosaures avaient de petits cerveaux, comparativement à la taille de leur corps. Ils seraient bien bêtes si on les comparait aux chiens ou aux chats d'aujourd'hui. Les scientifiques croient que, proportionnellement à la taille de son corps, c'est le stégosaure qui avait le plus petit cerveau de tous les dinosaures. Cet herbivore géant pouvait peser 2 tonnes, et pourtant son cerveau ne pesait que quelques grammes.

Certains dinosaures avaient-ils deux cerveaux?

Peut-être. Par exemple, le *tuojiangosaure*, ou « lézard de Tuojiang », dont le nom évoque la rivière de Chine où il a été découvert, avait une grosse bosse sur la colonne vertébrale, juste au-dessus des hanches. Cette bosse était 20 fois plus grosse que son cerveau.

Aujourd'hui, les scientifiques croient que la bosse en question correspondait à l'endroit où les nerfs provenant de la partie postérieure du corps de l'animal rejoignaient sa colonne vertébrale. Habituellement, les nerfs sont reliés au cerveau. Donc plusieurs affirment que le tuojiangosaure avait un deuxième cerveau.

Quel dinosaure du jurassique se nourrissait d'autres dinosaures?

L'*allosaure* ou « étrange lézard ». C'était un vrai monstre, avec un crâne énorme, de grandes mâchoires béantes et des dents de plus de 7 cm de long! On a retrouvé des fossiles d'apatosaures portant des marques de dents d'allosaure, ce qui laisse croire qu'il avait été tué par un allosaure.

LE RÈGNE DES DINOSAURES

Quelle a été la dernière période du mésozoïque?

Le crétacé, qui a commencé il y a environ 135 millions d'années, pour se terminer il y a environ 65 millions d'années. À cette époque, les continents ressemblaient assez à ce qu'ils sont aujourd'hui. Des eaux chaudes et peu profondes recouvraient la moitié de l'Amérique du Nord.

Les oiseaux, les mammifères, les insectes et les animaux marins ont continué d'évoluer. Des plantes à fleurs et plusieurs variétés d'arbres sont apparues. Aussi, pendant cette période, certains dinosaures impressionnants sont apparus, comme le puissant tyrannosaure.

Comment les dinosaures du crétacé se protégeaient-ils?

Certains étaient solides comme des chars d'assaut, par exemple l'*ankylosaure*, ou « lézard rigide », dont le dos était couvert de plaques osseuses dures et solides. Cette « armure » lui permettait de repousser les attaques des prédateurs carnivores. Même ses paupières étaient munies d'une armure. Lorsqu'il fermait les yeux, c'était comme s'il baissait un store de métal.

Existait-il un dinosaure complètement recouvert d'une armure?

Le *saichania*, dont le nom veut dire « le magnifique ». L'armure de ce dinosaure le recouvrait de la tête aux pieds – sans oublier le ventre. Et son armure était garnie de bosses et de pointes, pour une protection encore plus efficace.

L'ankylosaure était-il lourd et lent?

Lourd? Oui. Lent? Pas toujours. Les scientifiques croient que l'ankylosaure courait peut-être aussi vite que les rhinocéros que l'on connaît aujourd'hui, c'est-à-dire jusqu'à 40 km à l'heure sur une courte distance.

Quel dinosaure avait trois cornes?

Le *tricératops*, ou « tête à trois cornes ». Les deux cornes au-dessus de ses yeux étaient longues et acérées. Chacune mesurait plus de 1 m! Une autre corne plus courte et moins pointue, était située au-dessus de son nez. Lorsqu'il était en danger, le tricératops pointait ses cornes vers l'ennemi, comme de véritables lances. Puis – attention! – il chargeait à une vitesse pouvant atteindre 40 km à l'heure.

Le crâne du tricératops mesurait 2 m de long, c'est-à-dire plus de dix fois la taille de ton crâne. La tête de ce dinosaure pesait 900 kg à elle seule : c'est le poids d'un bœuf! Incroyable!

Existait-il un dinosaure muni d'une massue?

L'*euoplocephalus*, dont le nom signifie « tête bien protégée ». Ce dinosaure tient son nom de l'armure épaisse qui recouvrait sa tête. Mais il est mieux connu à cause de la grosse massue osseuse située au bout de sa queue plutôt longue.

Si un ennemi s'avançait tête baissée pour mordre l'euoplocephalus, ce dernier, d'un coup de queue, lui fracassait la tête. Si cela ne fonctionnait pas, l'euoplocephalus pouvait aussi lui briser une patte d'un coup de massue.

Quel dinosaure avait la plus grosse tête?

Le *torosaure*, ou « lézard-taureau ». En effet, le torosaure avait la plus grosse tête de tous les animaux terrestres. Elle mesurait environ 3 m de long, soit la taille d'une petite voiture.

Un drôle de bouclier osseux de près de 2 m de large protégeait l'arrière de la tête du torosaure. On appelle cette structure une collerette. La collerette s'étendait sur la majeure partie du dos du torosaure. Selon les scientifiques, cette grande collerette l'aidait à soutenir son énorme tête.

Pourquoi dit-on que certains dinosaures avaient la tête dure?

Parce que leur crâne était constitué d'une couche d'os de 23 cm! Le *pachycéphalosaure*, ou « lézard au crâne épais », avait une vraie de vraie « tête dure ». Ce dinosaure avait toujours l'air de porter un énorme casque.

Mais ne va pas croire que le pachycéphalosaure utilisait sa grosse tête seulement pour se protéger. Il s'en servait aussi pour se bagarrer avec les autres membres de sa horde. Les pachycéphalosaures se donnaient probablement des coups de tête comme les chèvres le font aujourd'hui. L'enjeu était peut-être le même : devenir le chef d'un groupe ou conquérir une femelle.

Les dinosaures avaient-ils des familles?

Certaines espèces de dinosaures en avaient sûrement. Les herbivores appelés *maiasauras*, ou « bonne mère lézard », en sont un bon exemple. Des restes de ces dinosaures, qui mesuraient en général 9 m de long, ont été découverts près d'un regroupement de nids creusés dans le sol.

Dans les nids, d'une profondeur de 60 cm et d'une largeur de 2 m, on a retrouvé des débris de coquilles. Les scientifiques en ont donc déduit que les petits restaient dans le nid pendant une longue période. Il est fort probable que les parents les nourrissaient en déposant la nourriture directement dans leur gueule – comme les oiseaux le font aujourd'hui – jusqu'à ce que les petits soient assez forts pour quitter le nid.

Autour des nids, on a découvert des fossiles de 15 jeunes maiasauras, dont la taille allait de 1 à 5 m. Certains paléontologues croient que la famille s'occupait des petits pratiquement jusqu'à ce que ces derniers atteignent l'âge adulte.

Existait-il des herbivores qui mastiquaient leur nourriture?

Plusieurs créatures du crétacé mastiquaient effectivement leur nourriture, par exemple les *hadrosaures*, ou « becs de canard ». Le dinosaure à bec de canard le plus connu est l'*edmontosaure*, ou « lézard d'Edmonton ».

L'edmontosaure avait environ 1 000 dents! On dit souvent qu'il avait des dents dans les joues, parce que ses dents étaient logées très profondément dans sa gueule. Elles étaient soudées en quatre rangées de quelques centaines de dents chacune. Quand l'animal mangeait, les rangées du haut et du bas se frottaient les unes contre les autres, comme d'énormes limes. Ce mécanisme fonctionnait très bien pour écraser les feuilles.

Maiasaura

Quels sons produisaient les dinosaures à bec de canard?

Probablement des sons qui ressemblaient à des bruits de klaxon ou à des aboiements très sonores. Le *parasaurolophe*, ou « reptile à crête en cloisons parallèles », avait sur la tête une crête de plus de 1 m. À l'intérieur de la crête se trouvait un tube vide d'une longueur de plus de 1 m. Certains croient que lorsque le parasaurolophe respirait très fort, le tube émettait un son très puissant qui ressemblait à un bruit de klaxon ou de trombone.

Le long museau de l'edmontosaure était peut-être recouvert d'une peau molle. Son nez devait ressembler à celui de l'éléphant de mer que l'on connaît aujourd'hui. Cette similitude fait croire aux experts que l'edmontosaure aboyait peut-être comme son sosie, l'éléphant de mer.

Pourquoi certains dinosaures avaient-ils une énorme voile?

Pour se réchauffer ou se rafraîchir. La voile jouait le même rôle que les plaques osseuses du stégosaure. La voile du spinosaure, ou « lézard à épines », était déployée sur son dos, comme celle d'un voilier. Elle tenait droite grâce à des os longs et minces rattachés à la colonne vertébrale du dinosaure.

   Elle permettait au corps du spinosaure de conserver une température agréable. Lorsqu'il avait froid, le dinosaure exposait sa voile aux rayons du soleil, ce qui réchauffait tout son corps. À l'inverse, lorsqu'il avait trop chaud, le dinosaure mettait sa voile à l'ombre ou l'exposait au vent. Quelle idée rafraîchissante!

Quels dinosaures étaient les plus nombreux : les carnivores ou les herbivores?

Les herbivores. Pour une espèce de dinosaures carnivores, il y avait peut-être 10 ou 20 espèces d'herbivores.

Qu'est-ce que les carnivores avaient en commun?

Les carnivores se nourrissaient soit d'autres dinosaures, soit d'autres sortes d'animaux. Proportionnellement à leur tête, la plupart avaient une grande gueule et des dents immenses.

Les carnivores avaient aussi d'autres points communs. Tous marchaient sur leurs deux pattes de derrière. Ils avaient des corps aérodynamiques, ce qui leur facilitait la tâche lorsqu'ils pourchassaient une proie. Leurs bras étaient généralement petits, et leurs doigts se terminaient par de très grosses griffes ressemblant à celles des chats.

Quel dinosaure est le carnivore le plus célèbre?

Le tyrannosaure, ou « lézard tyran ». Ce dinosaure, dont la taille atteignait 6 m à l'âge adulte, était plus haut qu'un poteau de téléphone. Si tu avais vécu à l'ère des dinosaures, tu lui serais à peine arrivé aux genoux. La plupart des fossiles de tyrannosaure ont été découverts en Amérique du Nord.

Ce géant carnivore, dont le cerveau avait la taille d'un petit pois, pouvait mesurer 12 m de long, du museau jusqu'au bout de la queue. Pesant 7 tonnes, il était plus lourd qu'un éléphant. Sa tête énorme supportait environ 60 dents incroyablement tranchantes – et chacune était aussi longue qu'un couteau à steak!

Est-ce qu'il existait un dinosaure carnivore plus gros que le tyrannosaure?

Peut-être. Un seul fossile de *giganotosaure*, ou « lézard géant », trouvé en Amérique du Sud, laisse croire que ce dinosaure était un peu plus gros que le tyrannosaure. Un autre dinosaure dont un seul fossile a été retrouvé en Afrique, le *carcharodontosaure*, ou « lézard aux dents barbelées », semble aussi surpasser le tyrannosaure en taille.

Il faudra trouver d'autres fossiles de ces créatures avant de pouvoir dire avec certitude que le giganotosaure ou le carcharodontosaure moyen était plus imposant que le tyrannosaure. Les scientifiques finiront peut-être par découvrir si ces bêtes géantes chassaient leurs proies ou se nourrissaient d'animaux morts.

Les dinosaures avaient-ils des griffes?

La plupart en avaient. Mais celui qui avait les griffes les plus effrayantes était le *deinonychus*, dont le nom signifie « griffe terrifiante ». Ce dinosaure ne mesurait que 3,6 m de long, mais il possédait une paire de bras anormalement longs et forts, terminés par trois doigts. Au bout de chaque doigt, il y avait une griffe recourbée, en forme de crochet.

Mais il avait une griffe plus terrifiante encore, d'où lui vient son nom. Cette griffe, en forme de faucille très pointue, mesurait 1,3 m de long et ressortait au-dessus des autres griffes des pattes de derrière de l'animal. Le deinonychus se jetait sur l'ennemi, les pieds en avant. Sa griffe terrifiante lacérait le ventre de la victime comme un couteau tranche de la viande.

Quels sons produisaient les carnivores?

Les dinosaures carnivores les plus gros rugissaient probablement comme les lions d'aujourd'hui. Ces dinosaures avaient des crânes énormes. Certains croient que plus le crâne était gros, plus le cri était puissant. Il ne fait aucun doute que leurs cris retentissaient très loin.

Les carnivores étaient-ils plus intelligents que les herbivores?

Oui. Pour être un bon chasseur, un animal doit avoir des sens plus aiguisés, des réflexes plus rapides, et être capable de courir plus vite que les animaux de pâturage.

Le *troodon*, dont le nom signifie « dent blessante », était probablement le dinosaure le plus intelligent. Il s'agissait d'une petite bête ressemblant à un oiseau, et son cerveau était relativement gros par rapport à sa taille. De grands yeux et de longues griffes pointues sur les pattes de devant et de derrière lui permettaient d'attraper les petits animaux dont il raffolait et qui ne pouvaient lui échapper.

Quel était le plus rapide de tous les dinosaures?

Le *struthiomimus*, ou dinosaure « semblable à l'autruche ». Le struthiomimus pouvait facilement atteindre une vitesse de 80 km à l'heure, ce qui est plus rapide qu'un cheval de course. À cette folle allure, le struthiomimus n'avait aucune difficulté à se trouver un repas composé d'insectes et de petits animaux.

Si le nom « struthiomimus » veut dire « semblable à l'autruche », ce n'est pas pour rien. Debout, il mesurait 240 cm, soit la taille d'une autruche d'aujourd'hui. Comme l'autruche, le struthiomimus avait de grands yeux, un bec corné comme celui d'un oiseau, et était dépourvu de dents. Mais là s'arrêtent les similitudes. En effet, quel genre d'autruche aurait une peau couverte d'écailles, deux bras courts et une longue queue?

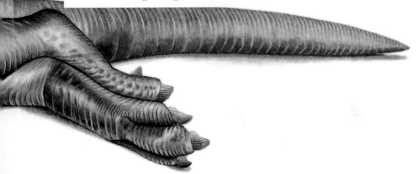

L'EXTINCTION DES DINOSAURES

Qu'est-il arrivé aux dinosaures vers la fin du crétacé?

Les trois quarts des dinosaures sont morts. Au cours des 10 millions d'années du crétacé, presque trois dinosaures sur quatre ont disparu. À la fin du crétacé, c'est-à-dire il y a 65 millions d'années, il n'y avait pratiquement plus de dinosaures sur la Terre. C'est ce qu'on appelle l'extinction des dinosaures.

Pourquoi les dinosaures ont-ils disparu?

Les scientifiques ont énoncé quelques hypothèses. La première est la suivante : la Terre est devenue très froide à la fin du crétacé. C'était l'hiver sans arrêt. L'air était glacial, donc les dinosaures se sont mis à avoir très froid. Il est devenu très difficile pour eux de se réchauffer et de trouver de la nourriture. Les dinosaures sont devenus de plus en plus faibles, puis sont morts.

Selon la deuxième hypothèse, une étoile aurait explosé dans le ciel. Elle aurait émis des rayons cosmiques très puissants. Ces rayons mortels auraient tué de nombreux dinosaures. Ils auraient tous disparu en peu de temps.

Et voici maintenant l'hypothèse qui fait le plus d'adeptes : un astéroïde en flammes provenant de l'espace se serait écrasé sur la Terre. L'explosion de cet astéroïde aurait mis fin à l'ère des dinosaures.

Comment un seul astéroïde a-t-il pu tuer tous les dinosaures?

L'astéroïde en question était un morceau de roche de 14,4 km! Il se serait écrasé sur la Terre avec une force épouvantable, non loin de l'endroit où se trouve aujourd'hui la ville de Mexico. L'impact a causé une explosion terrible – peut-être la plus violente de l'histoire de la Terre. Cette explosion a provoqué un énorme nuage de poussière, de terre, de cendres, de pierres et de vapeurs chaudes. Le nuage s'est élevé dans les airs en tournoyant. Et le vent a répandu l'épaisse poussière noire partout.

Le nuage de poussière a bloqué la lumière du soleil pendant des mois. Les plantes ont séché et sont mortes. Sans rien à manger, les dinosaures herbivores ne pouvaient pas survivre. Sans dinosaures à chasser, les dinosaures carnivores sont eux aussi morts de faim. Très vite, les dinosaures ont disparu.

Des animaux ont-ils survécu à l'impact de l'astéroïde?

De nombreux oiseaux, des grenouilles, des tortues, des crocodiles, des coquerelles et, bien sûr, des mammifères ont survécu à l'écrasement de l'astéroïde. La plupart des survivants étaient de plus petite taille que les dinosaures. Certains se sont peut-être cachés sous l'eau ou dans des terriers. D'autres ont dû pouvoir survivre avec très peu de nourriture. On se demande encore pourquoi exactement certaines espèces ont survécu et d'autres pas.

Pourquoi pensons-nous qu'un astéroïde s'est écrasé sur la Terre?

Il y a deux raisons. Les scientifiques ont trouvé sur Terre beaucoup d'iridium dans des rochers vieux de 65 millions d'années. L'iridium est un élément chimique très rare sur la Terre. Mais il y en a souvent dans les astéroïdes et dans d'autres corps célestes. Donc l'iridium pourrait venir d'un astéroïde tombé sur Terre à la fin du crétacé.

De plus, il y a un cratère – de presque 320 km de diamètre – sur la côte de ce qui est aujourd'hui le Mexique. La moitié du cratère est situé dans la péninsule du Yucatan, l'autre moitié, dans le golfe du Mexique. Cet énorme cratère est maintenant recouvert de sable et d'eau. Mais il semble qu'il ait été causé par un astéroïde qui se serait écrasé sur la Terre il y a 65 millions d'années – c'est-à-dire la période à laquelle la couche d'iridium s'est déposée sur la Terre!

Pourquoi les scientifiques pensent-ils que les dinosaures et les oiseaux sont parents?

Parce que certains fossiles ont des caractéristiques de dinosaures et d'oiseaux. *L'archæopteryx*, dont le nom signifie « aile ancienne », était une créature de la taille d'un pigeon, avec des os et des dents de dinosaure. Pourtant, l'archæopteryx avait aussi des plumes et des ailes. Il était donc à la fois dinosaure et oiseau. Le *mononykus*, dont le nom signifie « une griffe », était de la taille d'une dinde. Ses os ressemblaient à ceux d'un oiseau, et il était peut-être couvert de plumes. Mais, comme certains dinosaures, il avait une multitude de dents pointues et une longue queue. Le mononykus était-il un oiseau ou un dinosaure? Très probablement les deux!

Continue-t-on de découvrir des dinosaures?

Oui. Les scientifiques découvrent environ sept nouvelles sortes de dinosaures chaque année. Chaque découverte nous en apprend davantage sur le monde fascinant de ces créatures.

Récemment, des paléontologues ont découvert, en Chine, un fossile de dinosaure ressemblant à un oiseau. Le fossile contenait les organes internes du dinosaure. Pour la première fois, des scientifiques ont donc pu observer ces parties du corps d'un dinosaure.

D'autres paléontologues ont trouvé des os de mammifères dans les restes d'un dinosaure; le dinosaure avait mangé le mammifère juste avant de mourir, semble-t-il. Cette découverte a prouvé pour la première fois que les dinosaures mangeaient des mammifères.

Est-ce que nous savons tout des dinosaures?

Non. Nous ne savons pas d'où ils venaient, ni pourquoi ils ont survécu aussi longtemps, et nous nous posons encore bien des questions à leur sujet.

En ce moment, partout dans le monde, des scientifiques cherchent des fossiles de dinosaures. Et des milliers de restes attendent d'être étudiés dans les musées et les laboratoires. Peut-être que les plus grandes découvertes sont à venir.

Est-ce que des dinosaures vont revenir vivre dans ma cour?

Non. Les dinosaures sont disparus pour toujours. Aucune espèce disparue n'est jamais revenue à la vie.

Cette réalité nous amène à faire deux réflexions. D'abord, il faut s'efforcer de préserver les nombreux animaux et plantes menacés de disparition. Il ne faudrait pas laisser les tigres, les éléphants et les baleines bleues disparaître comme les dinosaures.

Ensuite, il faut apprécier l'existence passée des dinosaures sur notre planète. Ils constituent une époque glorieuse et excitante de l'histoire de la Terre.

INDEX

Au sujet des auteurs

Melvin et Gilda Berger, qui ont grandi à New York, ont fréquenté les expositions de dinosaures au fantastique musée américain d'histoire naturelle quand ils étaient petits. Puis, une fois devenus parents, ils ont parlé à leurs enfants du monde fascinant des dinosaures. En tant qu'auteurs, ils ont visité les laboratoires du musée et ont parlé avec des paléontologues parmi les plus reconnus. Et aujourd'hui, ils partagent leurs connaissances avec toi.

Au sujet de l'illustrateur

Alan Male vit en Angleterre. Il travaille comme artiste depuis 25 ans. Il aime dessiner des animaux, des plantes, des gens et des paysages. « Ce que j'aime le plus quand je dessine des dinosaures, c'est de faire revivre des animaux qui n'existent plus », dit-il.